Couverture inférieure manquante

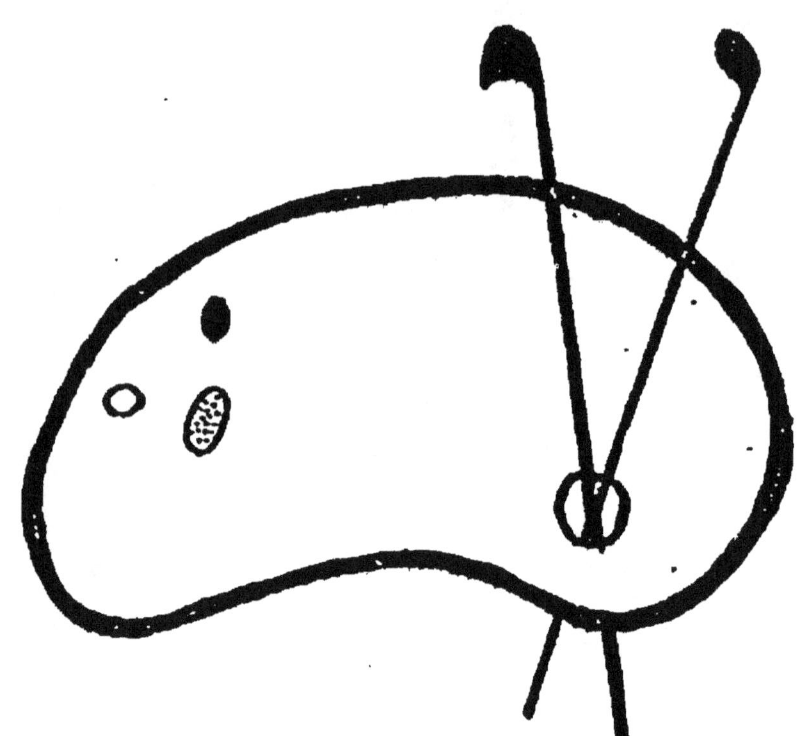

DEBUT D'UNE SERIE DE DOCUMENTS
EN COULEUR

NOTICE

SUR LES

CORPORATIONS RELIGIEUSES DE LA FRANCHE-COMTÉ

par C. BOISSONNET, SOUS-INTENDANT MILITAIRE,

POLIGNY

GUSTAVE COTTEZ, IMPRIMEUR

—

1886

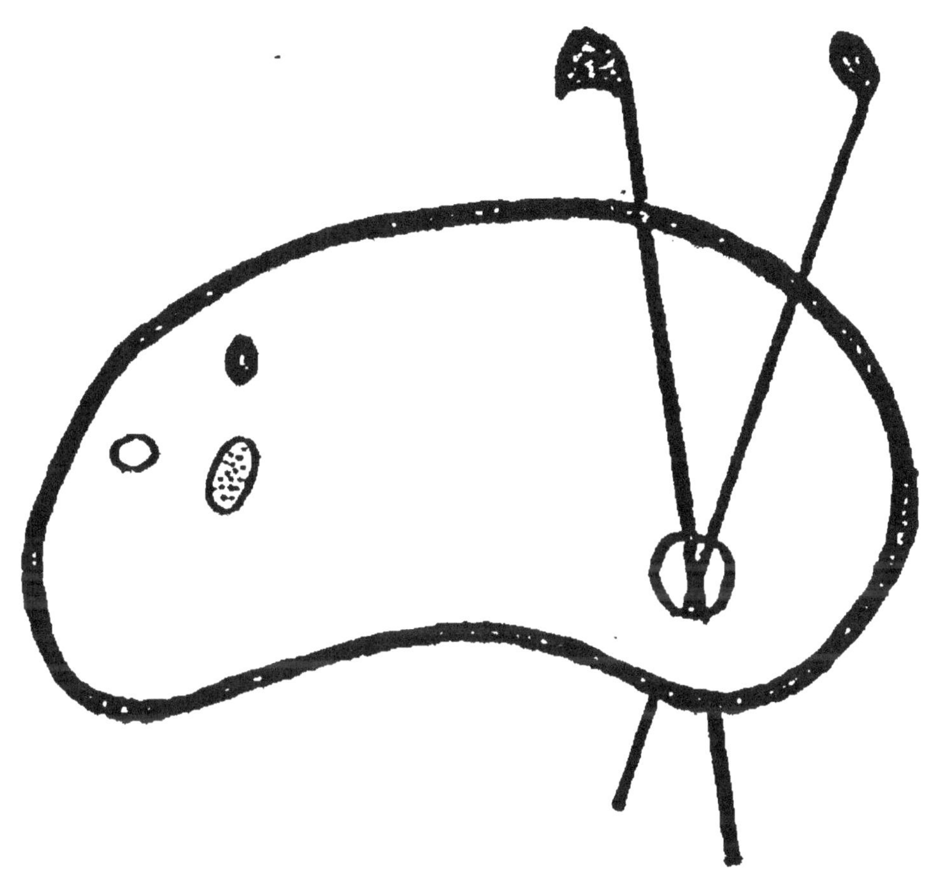

NOTICE

SUR LES

CORPORATIONS RELIGIEUSES DE LA FRANCHE-COMTÉ

PAR C. BOISSONNET, SOUS-INTENDANT MILITAIRE.

Il s'agit dans cette notice sur les corporations religieuses de la Franche-Comté, telles qu'elles existaient au moyen-âge et jusqu'à la Révolution, non d'en faire un historique même succinct, mais d'en établir un tableau sommaire, de fournir quelques renseignements sur leur passé et surtout de relater les faits dignes d'attention auxquels elles ont été associées.

Considérations générales.

On divise le personnel ecclésiastique en deux catégories : 1° prêtres séculiers vivant dans la société pour enseigner et pour maintenir la religion catholique, et pour assurer l'exercice du culte ; 2° religieux et religieuses vivant en Communautés, en dehors de la société, et suivant la règle d'un grand saint : S¹-Benoit ou S¹ Augustin ; S¹-François d'Assice ou S¹-Dominique, pour les ordres mendiants. C'est là le clergé régulier qui peuplera les monastères pendant que les femmes se réuniront dans les couvents. Les corporations religieuses se décomposent aussi en deux classes.

Pour le clergé séculier, pour les prêtres, il y a des Chapitres, des Eglises et des Familiarités (institution spéciale à la Franche-Comté). Pour le clergé régulier, religieux et religieuses, il y a des abbayes et des Prieurés, des Communautés ainsi que des hospices et des maisons d'éducation (Collèges des Jésuites et des Oratoriens). Les abbayes et les prieurés sont de véritables fiefs, situés en général hors des villes, à cause de l'étendue de leurs possessions, et ayant des habitations pourvues de moyens de défense ; exemp : l'abbaye de Baume-les-Messieurs. Les ordres divers ou

1

Communautés possédaient, outre leurs revenus, une maison avec chapelle, située le plus souvent dans les villes pour leur sécurité, car en temps de guerre on avait tout à redouter, et au moyen-âge toutes les villes, tous les gros bourgs étaient fortifiés. La communauté possédait des cloches et un cimetière. Si le public était admis à la chapelle, du moins il ne pouvait avoir aucune communication avec les membres de l'ordre, surtout dans les couvents de femmes (abbayes et communautés).

Pour tous les ordres, la fortune est la même : c'est la donation et la charité dues à la foi; donation de terres faites par de puissants seigneurs, par des personnes riches, ou l'aumône journalière mise à la portée de tous pour soutenir les ordres mendiants. De là une grande ligne de démarcations dans les corporations. Les unes sont riches, sont de véritables fiefs revendiquant et exerçant tous les droits seigneuriaux, y compris celui du servage et celui de la vente des affranchissements (Ex. à Baume-les-Moines; 2.000 livres pour affranchir un manant) et sans préjudice de la vente et du trafic des indulgences (comme Léon X le fit faire surtout en Allemagne), mais en général sans avoir les charges de la guerre. Les autres sont mal vues, dédaignées par les riches corporations des ordres de St-Benoit et de St-Bernard (Citeaux), sous prétexte que leur pauvreté est une critique de la grande fortune des abbayes, qu'elles font honte aux prérogatives et à la suprématie de la religion, et que la mendicité humilie et abaisse les membres du clergé. Aujourd'hui il n'y a plus ni terres de fiefs, ni droits féodaux, ni ordres mendiants. Les petites sœurs des pauvres, seules, et telles qu'on les voit rendre de grands services à Besançon, par exemple, vont faire des quêtes à domicile pour assurer l'entretien de leurs malades, et dans ce but, pour recevoir de l'argent, et surtout pour recueillir ce qui resterait sans emploi dans les ménages, ainsi que le linge et les vêtements qu'on ne porte plus.

Les établissements religieux étant une haute personnalité voulurent et durent dès leur début avoir des signes traditionnels : de là l'usage des sceaux, des images des saints dont ils suivaient les règles ou les traditions et dont ils portaient le nom. Mais ces marques n'étaient pas assez extérieures et n'avaient pas un cachet assez officiel ; elles ne purent suffire.

Etant devenues possesseurs de terres et même de fiefs avec tous les droits et tous les privilèges que la féodalité y avait attachés, y compris ce droit de main-morte et de servage que l'Evêché de St-Claude, qui avait succédé à l'abbaye de ce nom, n'abandonna que par le fait de la Révolution et qui n'était pas encore la dernière expression de la misère et de la honte qui pouvaient frapper le serf et même le manant, et de plus étant rangées dans la hiérarchie des fiefs, les corporations durent prendre dès le XIIe siècle des armoiries qui leur fussent personnelles. Ces armoiries étaient soumises aux lois hiéraldiques : elles étaient portées par les officiers de la corporation, placées au-dessus de sa porte d'entrée, reproduites en tête de ses actes. Elles lui assuraient le respect de ses intérêts et de ses immeubles, surtout en cas de guerre. C'est dans ce but qu'on substitua, partout où le danger était à écarter, aux images religieuses, aux armes de la maison-mère ou du fondateur spirituel de l'ordre, le blason du fondateur temporel ou celui du principal protecteur de la corporation, prince ou seigneur.

Le chapitre de l'insigne collégiale de Poligny prit pour arme « de gueules à trois chouettes d'argent posées deux et une, de son bienfaiteur Jean Chouzat. Ailleurs, en Franche-Comté, on retrouve dès le XIVe siècle l'aigle de Vienne, l'Ecu des Chalan-Orange, « ou premier d'azur au lion d'or billeté de même, qui est comté de Bourgogne, ou le roi d'escarboucle fleurdelisé » de la puissante famille de Roy, ou même l'aigle éployée de sable, qui est Cuiseaux ou Empire.

Le plus bel exemple qu'on puisse citer dans ce genre, c'est le portail de l'église d'Hesdin (Pas-de-Calais). Il y a là quatre armoiries qui représentent les quatre fondateurs et bienfaiteurs : Empire, Espagne, Flandre et maison de France (Valois).

Par leur position dans des villes bien fortifiées (Besançon, Gray et Poligny) et par leur destination toute de charité, comme par la modicité de leurs revenus; les hospices du St-Esprit n'avaient rien à redouter des malheurs des temps, ni des sacs des places fortes. Le blason de leur gardien spirituel leur suffisait : « d'azur à une croix à double traverse à 12 pointes (du St-Esprit) d'or, émaillée et bordée d'argent. » Le chef de la Commanderie était à Besançon pour les trois hospices du St-Esprit de la Comté. Sur l'armoirie de l'hospice de cette ville la croix est « surmontée du St-Esprit en forme de Colombe » de même.

Les armoiries étaient nécessaires : un édit royal de 1696 les soumit à un enregistrement. C'était là, avant tout, une mesure fiscale, mais aussi une mesure d'ordre. Ainsi fut composé pour la Franche-Comté l'armorial général de 1696 qui ne comprend pas moins de 151 numéros, répondant, pour un même nombre de corporations, moitié à des armoiries justifiées par la tradition ou par l'usage, moitié à des armoiries de pure fantaisie. Quoiqu'il en soit, l'armorial général de d'Hozier est un premier guide pour présenter un tableau et un classement des corporations religieuses de la Franche-Comté, telles qu'elles existaient encore aux approches de la Révolution.

CLERGÉ SÉCULIER.
Chapitres, églises et familiarités

Un chapitre de chanoines est un corps délibérant chargé d'étudier et de préparer les questions et de prévenir toute mesure arbitraire de la part de l'administration diocésaine. Il ne doit y en avoir qu'un par diocèse, deux pour la Franche-Comté. Mais au moyen-âge le personnel ecclésiastique était si nombreux, la fortune et les prérogatives du clergé si grandes, que pour répandre partout les faveurs et pour satisfaire tant d'intérêts, toutes les églises importantes, et surtout celles du vocable de Notre-Dame, eurent un chapitre. L'usage alla jusqu'à mettre plusieurs chapitres dans une même ville, exemple : deux à Besançon; quatre à Salins. Poligny ayant une collégiale, à titre d'église paroissiale, et l'ayant décorée du nom d'Insigne collégiale de St-Hippolyte, on ne doit pas s'étonner s'il y eut là un chapitre. La Franche-Comté qui a aujourd'hui deux chapitres de chanoines (Besançon et St-Claude), en avait alors quinze. Une seule église formait corporation ayant des armoiries : c'était celle de Notre-Dame de Dole. Les familiarités de prêtres vivant à l'ombre des églises ou des abbayes (Exemple : Château-Chalon), sont une création spéciale à la Franche-Comté ; leur nombre s'élève à 18. Poligny n'en avait pas, mais Arbois en avait une sous le vocable de St-Just.

Les villes de Gray et de Poligny étaient les capitales des bailliages d'Amont et d'Aval ; à ce titre leurs archives sont pleines d'intérêt pour l'histoire de la Franche-Comté et de ses corporations religieuses.

Gray — Philippe le Bel avait fait épouser à son fils, qui devint Philippe le Long, Jeanne, fille d'Othon ou Ottniu IV, comte de Bourgogne. Cette princesse affectionna le séjour de Gray, y fit construire un château et nécessairement une chapelle. Celle-ci prit aussitôt et conserva le nom de chapelle royale, et, à ce seul titre, elle eut la faveur de posséder un chapitre composé de huit chanoines et d'un prévot. Ainsi une chapelle privée, desservant les habitants d'un château princier, avait un chapitre......

Si les chapitres avaient des armoiries, tout prêtre nommé chanoine en prenait également qui lui étaient personnelles. On voit sur les vitraux du musée des antiquités à Besançon (au-dessus des halles de la place Labourey) le blason d'un chanoine nommé Mouchet, originaire de Poligny. Ses armes sont dites parlantes ou plutôt extraites des trivialités des jeux de mot, car elles se composent de trois petits aiglons, de trois émouchets. Aujourd'hui chaque évêché donne à ses chanoines une croix chapitrale portée en sautoir : la croix et le ruban sont de forme, de dimensions et de couleurs déterminées.

Églises et Communautés de Poligny. — La cure la plus ancienne qui ait desservi la paroisse de Poligny, était l'église de Montévillard ou Mouthiers-le-Villard, deux étymologies de basse latinité qui ne sont pas inconnues en Franche-Comté ; elle était à 1800 mètres du centre de la ville et hors de l'enceinte fortifiée. Cette église de petite dimension existait déjà en 915 et avait remplacé une église ruinée qui, comme 140 autres de la France, était sous le vocable de St-Martin de Tours, le grand apôtre de la Gaule romaine. Elle était florissante, parce qu'elle percevait les dîmes et les droits paroissiaux de Poligny. Mais en 1083 elle est concédée par le comte de Bourgogne à Bernard, abbé de Baume-les-Moines (les Messieurs), riche abbaye bénédictine dont elle devint une annexe, et, par suite, par voie de détachement, un prieuré.

Les ordres mendiants furent introduits en Franche-Comté comme partout ailleurs et la capitale du bailliage d'Aval ne fut pas oubliée.

En 1248, Alix, comtesse palatine, sœur d'Othon III, comte de Bourgogne et duc de Méranie, faisait construire l'église qui sert de hallos et la communauté qui sert actuellement de sous-préfecture, pour y recevoir les Dominicains qui se distinguèrent à Poligny sous le nom de Frères Prêcheurs (Armoirie : « d'azur à un saint Dominique debout...») Ainsi les habitants de Poligny se rendaient hors de leurs remparts, au faubourg de Montévillard, pour les offices, pour le culte, pendant que des religieux mendiants avaient une riche installation au milieu de leur ville... Cet état de choses n'était pas acceptable. Aussi dès les premières années du XV° siècle, par la médiation et peut-être par les largesses de Jean Sans Peur (...« pour expier des crimes de guerre, comme il le disait toutes les fois qu'il favorisait une fondation, par exemple celle de l'hospice d'Auxonne) par une bulle du pape Alexandre V, par les donations de Jean Chouzat surtout, et par celles de Jean de Toisy, évêque de Tournay et de Nicolas Rollin, conseiller du duc, le chef-lieu du bailliage d'Aval avait enfin dans ses murs une église paroissiale. En 1431, le pape Eugène IV érige l'église en Collégiale-Insigne et lui affecte un chapitre, comme si l'on voulait réparer l'oubli du passé. En 1442, l'archevêque de Besançon en approuve les privilèges. Les chanoines, appelés d'abord Rémembranciers (disant des messes en souvenir des morts), puis incorporés à l'Eglise pour prendre modestement position ou prétexe auprès d'elle, et pour vivre de ses riches revenus, se constituent aussitôt en chapitre pour prendre au contraire la tête de la collégiale, et pour s'aider mutuellement à défendre et à conserver les privilèges dont ils sont gratifiés. Cette marche des évènements méritait d'être relatée ici, car 75 ans plus tard, les mêmes faits se reproduiront à Bourg absolument dans les mêmes conditions et aboutiront identiquement au même résultat. Il y a même cette particularité, c'est que la distance du prieuré de Montévillard au centre de Poligny est égale à celle du prieuré de Brou au centre de la ville de Bourg, et là aussi on voyait avec jalousie la belle et vaste chapelle dont jouissaient les Frères Prêcheurs dans une ville encore dépourvue d'église. Notre-Dame-de-Bourg avait aussi un chapitre, et ce chapitre qui n'avait nulle utilité, nulle destination, comme ses pareils, avait encore huit chanoines de plus que n'en doit avoir un chapitre d'évêché (consulter les ouvrages de M. J. Baux, archiviste de l'Ain : N.-D.-de-Bourg, église de Brou).

Avant de passer à l'examen du clergé régulier, il faut présenter le tableau des établissements religieux de Poligny en faisant connaître les dates probables des fondations et les armoiries telles qu'elles ont été enregistrées en 1696.

1° *Clergé séculier.*

1° Eglise St-Martin de Tours : était en 915 l'église N.-D. du Montévillard, en 1083 un prieuré et plus tard une église de faubourg.

2° Insigne collégiale de St-Hippolyte et son chapitre (1431 et 1442) « de gueules à 3 chouettes d'argent posées deux et une » de gueules (Chouzat).

2° *Clergé régulier et religieuses.*

1° Dominicains (dits les Frères Prêcheurs) en 1270 « d'azur à un St-Dominique d'or, tenant une église d'argent et une longue croix avec une tige de lis ».

2° Hospices et Religieuses du St-Esprit « d'azur à une croix à douze pointes (du St-Esprit) d'or, émaillée et bordée d'argent». Ils datent du XIII° siècle.

3° Franciscaines, Clarisses réformées par Ste-Colette (1415), « d'azur à une Notre-Dame, les mains jointes, d'argent ».

4° Capucins (1613) hors la ville « de gueules à deux bras de carnation embrassant une croix d'or » (qui est de St-François).

5° Ursulines (1614) « d'azur aux mots Jésus Maria entouré d'un cercle rayonné de même ».

6° Oratoriens (1627) au Collège « de gueules aux mots Jésus Maria entouré d'une couronne d'épines » avec ces mots : Oratorium poligniense.

3° *Etablissements divers.*

1° Confrérie du St-Esprit, au milieu de la Grande Rue ; confrérie assez zélée et assez riche pour s'être fait construire une chapelle pour ses prières et pour ses réunions.

2° Chapelle Ste-Agathe et Tour des Nones, au château fort de Grimont.

3° Chapelle St-Roch et Cimetière des Infects, au bas de la ville, près du cours d'eau et du faubourg de Charcigny.

Au moyen-âge, les églises et les chapelles étaient naturellement aussi multipliées que le clergé était nombreux, et il fallait que le service religieux fût assuré et célébré partout. En cas de siège, pendant les guerres, et de même quand on craignait les surprises et la course, des prêtres se rendaient dans des châteaux forts pour y dire la messe dans une pièce qu'on convertissait en chapelle. Ex. : Dans les dépenses des souverains de la Comté (archives du Doubs), le trésorier du comte fait figurer une vacation de 3 livres pour un service du dimanche célébré pendant la guerre pour la garnison de la tour de Vadans (XVe siècle). Il n'est pas étonnant que le château de Grimont ait eu une chapelle pour les besoins des habitants et de la garnison du fort. Sa tour des Nones peut rappeler le souvenir d'une communauté ou quelque drame des calamités de la guerre....

L'ordre militaire et religieux des hospitaliers du St-Esprit fondé en 1190 à Montpellier, en même temps que les ordres analogues des Templiers et de St-Jean de Jérusalem, est resté en France et en Europe pour soigner surtout les malheureux qui se trouvaient abandonnés, soit qu'ils n'eussent plus de proches parents, soit que la nature de leur affection éloignât d'eux ou même rendit leur isolement nécessaire. En conséquence, il s'occupa surtout des malades connus sous le nom de lépreux. De là, d'après les préjugés et l'ignorance de la médecine à cette époque, l'origine des cimetières réservés portant le nom de Cimetière des Infects ; de là aussi, pour adoucir l'idée de cet ostracisme d'outre-tombe, la nécessité d'une chapelle (Chapelle de St-Roch) pour prouver à ces malheureux que la religion ne cessait pas de veiller sur eux.

Les enfants abandonnés devinrent par la suite, à Poligny comme à Besançon et à Gray, l'unique objet des soins de ces établissements de charité qui rendent de si grands services ; les militaires isolés ou malades pendant les routes, eurent également part à leur bienveillance. On trouve là un point de départ pour l'organisation, quoiqu'alors très imparfaite, du service actuel des étapes.

Après la mort de Charles-le-Téméraire, Louis XI avait menacé les habitants de Besançon de les exterminer à cause de leur résistance à ses volontés, et de réduire leur ville en cendres, ce qu'on appelait « y semer le sel ». Ceux-ci, pour aviser à se défendre, tiennent un conseil de guerre dans lequel on voit figurer un membre sous le nom de « Commandeur du St-Esprit ». Ce ne peut être qu'à titre de Commandant des Etapes, autant qu'il est permis de qualifier ainsi une institution toute nouvelle et qui est due à l'initiative et à l'administration toute dévouée de l'ordre du St-Esprit. Il ne faut pas confondre un commandeur des maisons conventuelles de l'ordre du St-Esprit avec un commandeur de l'ordre de chevalerie et de décoration du St-Esprit, ordre qui ne comportait que le grade de chevalier en France, qui ne fut fondé que cent ans plus tard par Henri III (1579) et qui ne disparut qu'à la Révolution de 1830.

Il y a des institutions qui par leur mérite, par leur nécessité, par les services qu'elles rendent, traversent les siècles et les bouleversements de toute sorte, sans même changer de qualification. A côté des mots hôpitaux et hospices, on peut placer les expressions suivantes qui sont toutes les mêmes et répondent aux mêmes fonctions:

> Commandant de place,
> Commandeur du St-Esprit,
> Commandant d'étapes,

Commandatur (en Allemagne),
Commandant d'armes.

Ce qui précède prouve aussi que, vu son importance dans le passé, Poligny était, comme aujourd'hui, un gîte d'étape des troupes.

Pour terminer cet aperçu sur les fondations ecclésiastiques de Poligny et avant d'examiner plus en détail les corporations religieuses de la Franche-Comté, il faut donner une mention à Vaux. Il y avait là un prieuré de l'ordre de St-Benoît : l'armoirie avait pour exergue : S. Beatæ Mariæ de Vallibus. Le prieuré est devenu un petit séminaire.

Clergé régulier : religieux et religieuses, novices.
Abbayes et Prieurés. — Ordres divers : communautés, hospices
et collèges.

Les abbayes et les prieurés possédaient des terres sous les mêmes conditions de redevances, de rentes, de servitudes personnelles, de juridiction à exercer que dans les fiefs auxquelles elles étaient assimilées ou dont elles provenaient, et sans distinguer si la corporation était composée d'hommes ou de femmes. Ainsi Maubeuge fut pendant quelque temps capitale de la grande province du Hainaut; mais l'administration de la ville dépendait d'un chapitre de chanoinesses.

C'est à ce point que, de sa fenêtre ayant vue sur la place du pilori, la supérieure donnait le signal pour commencer, prolonger ou abréger la torture, pour hâter l'exécution ou pour faire grâce aux condamnés. A Limoges l'abbesse des Bénédictines, qu'on appelait plus communément «les Dames de la Règle», étendait son autorité temporelle dans un petit quartier de la cité épiscopale le long de la Vienne, qu'on appelle encore l'Abbessaille, et dont les blanchisseuses sont encore nommées «les abbessailles».

En Franche-Comté au moment de l'enregistrement de l'armorial général de 1696, il y avait 26 abbayes et 15 prieurés :

1° 22 abbayes d'hommes :
6 de l'ordre de Sᵗ-Benoit : Baume-les-Moines, Faverney, Lure, Luxeuil, Sᵗ-Claude, Sᵗ-Vincent à Besançon ;
13 de l'ordre de Citeaux : Cléry, Balerne, Belle-vaux, Bithaine, Buillon, la Charité, Cherlieu, Clairefontaine, la Grâce-Dieu, Lieucroissant ou les Trois-Saints, Mont-Sᵗᵉ-Marie à Besançon, Rosières, près Salins, Theuley, près Gray ;
3 de l'ordre de Sᵗ-Augustin : Goailles, Mont-benoit, Sᵗ-Paul à Besançon (devenu chapitre).

2° 4 abbayes de femmes :
2 de l'ordre de Sᵗ-Benoit ; Baume-les-Dames, et Château-Châlon ;
2 de l'ordre de Citeaux : Battant à Besançon, et Ounans (transportée ensuite à Dole).

3° 15 prieurés d'hommes de la règle de Sᵗ-Benoit : Les Bou-choux, Vaucluse, Château-sur-Salins, Dampierre-sur-Salon, Fon-taine-les-Luxeuil, Gigny (devenu chapitre), Jouhe, Lons-le-Saunier, Montroland, Morey, Morteau, Mouthiers, Haute-Pierre, Vaucluse, Vaux-sur-Poligny et Vosbles, et 1 de l'ordre de Sᵗ-Augustin : Lanthenans.

Toutes les maisons souveraines avaient un monument religieux affecté à leur sépulture : St-Denis pour les rois de France, Sou-vigny, Aigueperse, Riom pour les diverses branches des Bourbons d'Auvergne, la Trinité à Vendôme pour les Bourbons-Vendôme, l'abbaye, qui près Dijon sert d'établissement d'aliénés, pour les ducs de Bourgogne, l'abbaye de Cherlieu à Montigny (Haute-Saône) pour les comtes palatins de Franche-Comté (Testament du comte Othon V. 13 semptembre 1297 : archives du Jura à Lons-le-Saunier).

Il manque à cette énumération le prieuré de Moutévilard qui n'était plus qu'une église de faubourg, parce qu'en perdant les dî-mes et les droits paroissiaux de la ville de Poligny, il était tombé en décadence. Il y manque aussi l'abbaye de femmes de Corcondray, parce que Philippe II, roi d'Espagne, en prononça la suppression à la suite de faits analogues à ceux qui s'étaient passés, 150 ans au-paravant, à l'abbaye des dames de Maubuisson près Pontoise, quand, deux des trois brus de Philippe-le-Bel y furent renfermées après avoir été répudiées. Ce sont ces faits que Victor Hugo transporta en partie au théâtre, en les supposant accomplis à la Tour-de-Nesle.

Il faut remarquer dans la Haute-Saône, les abbayes de Luxeuil, de Bellevaux et de Theuley; dans le Doubs, celles d'Acey et de Baume-les-Dames; dans le Jura, celle de Château-Chalon, à cause de la noblesse de ses dames, celle de Baume-les-Moines et de St-Claude pour le même motif, et cette dernière, à cause de l'étendue de ses fiefs et de ses revenus.

Les abbayes de femmes de la Franche-Comté ne le cédaient en rien à celles des autres contrées pour les conditions de noblesse dont il fallait justifier.

Il fallait seize quartiers de noblesse pour être admis dans l'abbaye des Bénédictines de Château-Chalon, et dans celle des Bénédictines de Baume-les-Dames. Celles-ci étaient au nombre de 13, et elles avaient le rang de comtesses.

Il y avait dans les Vosges quatre couvents de femmes (à Remiremont, Epinal, Poussay et Bouxières) dans lesquels les conditions de quartiers de noblesse pour l'admission suivaient une progression décroissante. Aussi disait-on :

> Les dames de Remiremont,
> Les caignes de chambre d'Epinal,
> Les servantes de Poussay,
> Les vachères de Bouxières.

Non seulement les églises avaient un chapitre de chanoines, mais elles pouvaient avoir un chapitre de chanoinesses. C'est le cas des dames de Remiremont, chanoinesses de l'Insigne chapitre de l'église de St-Pierre, dont l'avant dernière abbesse fut, de 1786 à 1789, mademoiselle de Condé (Louise-Adélaïde de Bourbon), et dont la dernière abbesse fut une demoiselle de grande noblesse de la Franche-Comté, de la famille des comtes de St-Mauris. On voit au château de Clervant, commune de Chamblay, le portrait de cette abbesse portant la croix chapitrale et le costume de son illustre corporation. Toutes les corporations furent supprimées en février 1790.

Si Mademoiselle de Condé fut l'avant dernière abbesse du chapitre de Remiremont, son grand oncle, Louis de Bourbon, comte de Clermont, fut le 95ᵉ et le dernier abbé commandataire de l'abbaye bénédictine de Sᵗ-Claude. Il faut rappeler sommairement l'état civil et religieux de ce prince de Condé, pour se faire une idée du peu de régularité qui, jusqu'à la Révolution, pouvait règner dans la vie des membres des plus hautes familles et des abus que l'Eglise protégeait.

Louis de Bourbon, comte de Clermont, fut à 9 ans abbé commandataire, pourvu de bénéfices et même de ceux des 4 plus riches abbayes; il éluda d'entrer dans les ordres, tout en gardant ses bénéfices ecclésiastiques qui se montaient à environ 360000 livres, soit aujourd'hui à un million, et il mena une vie mondaine à son château de Berny près Paris. Autorisé par le pape à servir dans l'armée, malgré les principes et les défenses formelles de l'Eglise (1) il arriva comme simple volontaire à l'armée d'Allemagne, et l'année suivante il en fut le généralissimo; il perdit la bataille de Crefeldt. Il fut membre de l'Académie, à titre de prince, mais on dut l'inscrire d'office sans pouvoir procéder à sa réception. Enfin il épousa une danseuse de l'opéra, Mademoiselle Leduc, qu'on appela la marquise de Tourvoie (petit castel situé au bout du parc de Berny) et qui ne put prendre le nom de son mari, à cause de l'inconvenance d'une pareille union pour un membre de la famille royale. Mais leur fils fut appelé l'abbé de Vendôme.„

A la même époque l'arrière petit-fils de Louis XIV, un fils de Philippe V d'Espagne, don Louis-Antoine-Jacques de Bourbon, infant d'Espagne, appelé infant-cardinal, était archevêque de Tolède et cardinal à 13 ans, archevêque de Séville à 19 ans, se démettait de ses dignités ecclésiastiques à 32 ans, abandonnait son titre officiel d'infant d'Espagne et rentrait dans la vie civile sous le nom de comte de Chinchon, parce qu'il se mariait, épousant, non une princesse, mais la fille d'un capitaine d'infanterie.

Il reste à consacrer une mention aux deux abbayes bénédictines de Luxeuil et de Sᵗ-Claude.

(1) *Abhorret a sanguine ecclesia.....*

La première fut formée vers l'an 590 par une colonie de 12 religieux d'Irlande (cette terre des saints) conduite par St-Colamban. Elle répondit dignement à une si pieuse origine, car de 590 à 890, en 3 siècles, à ces époques de foi vive et de mœurs sauvages, elle produisit 38 saints(1) dont 7 restèrent à sa tête et dont 31 se répandirent au loin pour aller fonder de nouvelles abbayes bénédictines. Cinq de ces trente et un saints donnèrent leur nom à la ville ou au bourg qu'ils fondèrent : c'est ainsi que l'on eut St Omer avec sa belle église de St Bertin, dont les ruines sont encore si imposantes, St Valéry-sur-Somme, St Ursanne, au coude que fait le Doubs en rentrant de Suisse en France, St Gall en Suisse. La foi ardente et des vertus austères avaient amené la pitié des fidèles à décerner le titre de saint à ces 38 abbés ; mais après le neuvième siècle, dans les abbayes (à Luxeuil et à St-Claude, par exemple) comme sur la chaire de St Pierre, les saints devinrent de plus en plus rares. Cependant au XVe siècle, en 1415, la ville de Poligny possédera une femme de grand mérite qui fut la dernière des saintes, puisque sa canonisation n'eut lieu qu'en 1807 par le pape Pie VII (21 mai 1807). Il s'agit de sœur Boilet de Corbie (Somme) qui est connue sous le nom de Ste Colette, la réformatrice des Clarisses (Franciscaines).

A la Révolution Française le servage et la main-morte n'existaient plus que dans un seul fief, et ce fief était d'ordre ecclésiastique; il constituait l'immense domaine de la riche abbaye de St-Claude du Jura qui en 1742 fut sécularisée et convertie en évêché avec un chapitre de 20 chanoines nobles à seize quartiers. Ainsi malgré la polémique soutenue par Voltaire, malgré l'intervention bienveillante de Louis XVI et de l'archevêque de Besançon, l'évêque et les chanoines du noble chapitre de St-Claude soutenus par le parlement de Comté, maintenaient dans toute leur rigueur des temps passés les droits qui frappaient les manants de leurs fiefs.

L'abbaye bénédictine de Condat prit successivement le nom de deux de ses premiers abbés qui méritèrent le titre de saint, S^t

(1) Ces canonisations sont dues à la piété locale et la plupart d'entr'elles ne furent jamais admises à la Cour de Rome.

Oyend de Joux au VI° siècle, puis St-Claude, à partir du VII° siècle. Fondée vers l'an 450, elle fut administrée pendant 3 siècles et demi, de 450 à 800, successivement par seize abbés qui tous eurent l'honneur de la canonisation. Petit à petit cette abbaye tomba en commanderie, et l'on vit ses riches revenus dévolus aux familles les plus influentes, savoir : les familles Morel, de Viry, de la Baume, de Rye (pendant 90 ans, de 1546 à 1636, sans abbés); on peut citer ensuite un prince de Savoie, l'amiral don Juan d'Autriche, le cardinal d'Estrées, et enfin Louis II de Bourbon-Condé, comte de Clermont.

Lorsque Louis XIII fit mettre à feu et à sang les bourgs et hameaux des montagnes du Jura par le protestant Bernard, duc de Saxe-Weimar, neveu de Gustave-Adolphe, les franc-comtois catholiques durent s'expatrier. Dix mille d'entr'eux se sauvèrent jusqu'à Rome. Là, par la puissance de l'association et de leurs sentiments religieux, ils fondèrent une église, une confrérie et un hospice placés, tous trois, sous le vocable de St-Claude des Bourguignons de la Franche-Comté, protestant ainsi en faveur de leur foi et de leur nationalité, et contre les dévastations qui avaient ruiné leur patrie, sans que rien ait pu motiver ni justifier une pareille agression. Aujourd'hui, ces trois fondations existent encore à Rome, et elles présentent chaque année un excédent de recettes de 17.000 fr. lesquels, faute d'ayants-droit représentés, font retour à la caisse du pape. On ne peut pas parler des corporations religieuses des franc-comtois, sans suivre ceux-ci jusqu'à Rome, pour montrer tout ce que, dans des circonstances bien difficiles, leur foi a pu leur faire entreprendre et mener à bonne fin *(Société d'émulation du Doubs; Mémoires, année 1880. Tome V, 5° série, p. 175. Notice de M. Auguste Castan).*

ORDRES DIVERS.

Communautés.— Office de l'Inquisition.— Hôpitaux.— Collèges ecclésiastiques des Jésuites et des Oratoriens.

D'après l'armorial général de 1696 (*Voir l'extrait établi par M. J. Gauthier, archiviste du Doubs*) il y avait en Franche-Comté: 1° 43 communautés d'hommes, dont une (les capucins) fournissait des détachements dans 21 bourgs, par groupe de 3, 4 ou 5 religieux; 2° 38 couvents de femmes; 3° une officialité de l'Inquisition pour la Province, à Besançon; 4° quatre hôpitaux vivant à titre de corporation, et non subventionnés, comme les autres hospices, par les municipalités (1) 5° 13 établissements religieux consacrés à l'instruction, savoir : 1 séminaire et 12 collèges : total 77 corporations; total général 153, si l'on y ajoute 41 abbayes et prieurés, et 35 chapitres, églises et familiarités.

Il faut examiner d'abord qu'elle pouvait être, si l'on peut s'exprimer ainsi, la richesse ecclésiastique; 1° d'un personnage haut placé; 2° d'une famille privilégiée pour les prélatures; 3° d'une ville (telle que les principales villes de la Franche-Comté en les comparant à d'autres de la France); 4° d'une province (en comparant la Franche-Comté à la France); enfin, 5° d'une nation (en comparant la France à l'Italie).

1° Princes destinés aux charges et aux bénéfices ecclésiastiques.

Louis de Bourbon était pourvu dès l'âge de 9 ans (1718), des bénéfices de plusieurs abbayes, et tout d'abord de quatre des plus riches, parmi lesquelles figure la grande abbaye de St-Claude du Jura; venaient ensuite celles de St-Germain-des-Prés à Paris, du Bechellouin dans l'Eure (aujourd'hui dépôt de remonte) et de Marmoutiers, à 2 kilomètres de Tours, fondée par St-Martin, le grand apôtre de la Gaule. Celle-ci était si riche qu'on disait dans la Touraine:

> De quel côté que vent vente,
> Marmoutiers a cens et rente.

Il y a aux archives du Doubs à Besançon une vue cavalière de la ville et de l'abbaye de St-Claude, dédiée à son dernier abbé, Louis de Bourbon Condé. Le cumul des charges épiscopales n'était

(1) Il y avait 4 espèces d'hospices : les maladreries, les hospices du St-Esprit, ceux de St-Antoine et les hospices des villes, confiés à la direction d'un prêtre. Mais tous ces hospices furent si mal gérés, au détriment des pauvres, que l'autorité civile fut obligée d'intervenir et de leur donner dès le XVIIIe siècle des commissions administratives pour rétablir le fonctionnement régulier de la charité publique et pour faire respecter les intentions des fondateurs de lits et des donateurs.

pas moindre que celui des abbayes. Ainsi Jean, fils aîné de René II, duc de Lorraine, le vainqueur de Charles-le-Téméraire, fut cardinal, titulaire de 4 archevêchés et de 8 évêchés, abbé commandataire de 4 riches abbayes, ministre et complaisant de François Ier et de Henri II, et remplacé ensuite dans ces deux dernières fonctions de ministre complaisant par son neveu Charles de Guise, cardinal de Lorraine. En réalité ces charges épiscopales et ces abbayes n'étaient que des bénéfices ecclésiastiques et de riches dotations vraiment princières.

2° FAMILLES POURVUES DE CHARGES ECCLÉSIASTIQUES.

De 1505 à 1639, en un siècle et tiers, treize prélats de la maison de Lorraine (8 de la famille régnante et 5 de la famille collatérale des ducs de Guise) ont réuni sur leurs têtes, quoique l'un d'eux ne fût même pas entré dans les ordres : 37 dignités ecclésiastiques et des commanderies, soit au moins 3 charges par prélat, savoir :

> 8 chapeaux de cardinal,
> 10 mitres d'archevêque,
> 19 mitres épiscopales,

en outre deux ont été ministres et plusieurs étaient encore pourvus des riches bénéfices de diverses abbayes.

Là ne devaient pas s'arrêter les illégalités ; trois de ces 13 prélats se marièrent. Mais ce qui est encore plus à noter, c'est que le premier de ces trois prélats se maria trois fois et se trouve compter au nombre des aïeux de la maison de Savoie, à partir du XVIIe siècle, et au nombre des aïeux de la maison de Bourbon, à partir de Louis XV, puisque ce roi était fils d'une princesse de Savoie.

Le deuxième de ces trois prélats renonciataires fut le cardinal-évêque Nicolas-François (1609-1670) dont l'arrière petit-fils devint l'empereur François Ier par son mariage avec Marie-Thérèse (1740), fille unique et héritière du dernier empereur de l'ancienne maison des Hapsbourg. Ce prélat est un des aïeux de Marie-Antoinette et des membres des diverses branches françaises et étrangères de la maison actuelle des Bourbons, puisque tous ces princes contractent des alliances dans leur propre famille. Les comtes de Bourbon-Busset qui sont les héritiers directs et légitimes de Saint Louis n'ont pas contracté d'alliance avec ces familles. La maison d'Autriche a acquis et entretient l'église des Cordeliers-de-Nancy, dont la chapelle funéraire renferme les tombeaux des aïeux de la branche Lorraine de la dynastie actuelle, c'est-à-dire, à partir de Nicolas-François, cardinal et évêque renonciataire, et 27e duc de Lorraine, dont il vient d'être parlé.

3° CORPORATIONS RELIGIEUSES DES VILLES.

Le nombre de ces corporations dépend beaucoup de la richesse des villes et des provinces. Il faut citer deux des villes les mieux pourvues, Douai et Pontoise, par exemple. On verra qu'en tenant compte de la différence de richesse des provinces, la foi a été assez vive en Franche-Comté pour lui faire doter très largement en fondations pieuses toutes les villes et même les bourgs importants de cette partie montagneuse de la France(1). C'est au contraire dans la partie riche du pays, dans la plaine, dans les pays de labours qu'il y a le moins de corporations religieuses, c'est-à-dire dans la Bresse doloise et chalonaise, entre Dole, Lons-le-Saunier et Louhans.

Douai.

Un plan de Douai au XVIIe montre une ville couverte de 60 églises, corporations ou établissements religieux desservis, et, au contraire, un seul établissement civil, l'Hôtel-de-Ville ;

7 églises paroissiales, dont une collégiale,

1 prieuré,

1 familiarité,

4 abbayes,

5 chapelles,

Le Temple,

(1) En 1886, la Franche-Comté n'a que trois maisons charitables et pour les jeunes filles : maison de Bon Secours, rue du Chapitre 7, à Besançon ; Sœurs franciscaines de l'Immaculée Conception, à Lons-le-Saunier ; Franciscaines, aux thermes de Salins. (*Manuel des Œuvres*, librairie Poussielgue, rue Cassette, 15, Paris 1886).

5 hôpitaux,

4 refuges,

1 béguinage de femmes,

10 séminaires, dont un d'Anglais et un d'Ecossais,

5 collèges, dont un des Jésuites,

11 monastères d'hommes, dont deux d'Anglais,

5 couvents de femmes, y compris « les pauvres Clarisses...»

Au total, 60 fondations desservies par le clergé des deux ordres.

Pontoise.

Une officialité métropolitaine de l'archevêché de Rouen,

4 paroisses, dont une collégiale (St-Mellon),

1 Hôtel-Dieu,

2 abbayes bénédictines (une d'hommes et une de Dames anglaises),

3 communautés : Cordeliers, Jésuites et Capucins,

2 couvents de femmes : Carmélites et Ursulines.

Il y avait dans le voisinage : 1° une léproserie de l'ordre de St-Lazare ;

2° l'abbaye cistérienne et royale des Dames de Maubuisson, fondée en 1236 par Blanche de Castille qui vint y prendre le voile et y mourir. Deux princesses de Bourgogne, toutes deux belles-filles de Philippe-le-Bel, y furent enfermées d'office et moururent inopinément : Marguerite, fille du duc Robert II, femme de Louis X le Hutin, et sa belle-sœur Blanche, fille d'Othenin, comte de Franche-Comté, femme de Charles-le-Bel. Ce que l'on a raconté de la Tour de Nesle, dans la première moitié du XIVe siècle, doit s'entendre de l'abbaye de Maubuisson (1).

(1) Liège : 48 fondations religieuses, 1 Palais du Prince-Evêque et « *la Comédie* ».—Meulan en Vexin : 3 paroisses, 1 évêché, 1 prieuré, 1 monastère et 1 couvent.—Dax : 3 paroisses, 1 évêché, 1 prieuré-hôpital, 3 monastères, 3 couvents. Partout, la vie civile était arrêtée et comprimée par les corporations.

Franche-Comté.

Il faut examiner les villes importantes de la Comté : Dole, Lons-le-Saunier, Gray, Poligny, Salins, S\^t-Claude, et tout d'abord Besançon, ville impériale libre, enclavée dans la province et ancienne capitale de la Séquanie.

Besançon.

Une vue cavalière de Besançon faite en 1616 par Pierre Maublan, montre une ville ayant 48 églises, corporations ou établissements religieux desservis, c'est-à-dire une ville qui, sans l'appoint des communautés d'Anglais et d'Ecossais à Douai, aurait à peu près le même nombre de fondations que cette grande place forte du Nord. Il y avait à Besançon :

1° 8 paroisses : St-Jean-Baptiste (ou Eglise métropolitaine de St-Jean), St-Maurice, St-Pierre, la collégiale de la Madeleine, Notre-Dame de Jussan-Mouthier (à la gendarmerie, prieuré de l'ordre de St-Benoit), St-Marcelin (à la Faculté des sciences), St-Donat (au quartier d'artillerie près du chapitre de St-Paul), St-Martin de Bregille, hors les murs en avant du village de ce nom;

2° 3 chapitres : chapitre mixte de St-Jean et de St-Etienne de la Citadelle, des chanoines réguliers ou augustins de l'ancienne abbaye de St-Paul, de la collégiale de la Madeleine.

Il y avait en Comté 4 chapitres nobles pour les hommes : St-Claude, Baume-les-Messieurs, Gigny et Lure ; et 5 chapitres nobles pour les femmes : Château-Chalon, Baume-les-Dames, Lons-le-Saunier, Montigny et Migette. Le chapitre de Lure était même *équestral*, c'est-à-dire de haute chevalerie, comme celui de Mürbach (Alsace). Le bailliage d'Aval, dont Poligny était le chef-lieu, était donc bien partagé pour fournir de belles positions ecclésiastiques aux fils et aux demoiselles des familles nobles de son ressort.

3° 10 églises secondaires ou chapelles publiques : 1° A la citadelle: St-Etienne, St-André, St-Michel ou des Reclus (actuellement le pénitencier militaire); 2° dans la ville : St-Quintin, Ste-Brigitte, St-Laurent près du pont de Battant (rive droite), Ste-Anne, chapelle

militaire du fort Griffon (actuellement magasin d'habillement); 3°
hors la ville: S¹-Jacob hors les Arênes, au cimetière de ce nom, et
hors la porte taillée, la chapelle et l'ermitage de S¹-Léonard de la
règle de S¹-Benoît.

4° 5 hôpitaux ou refuges : hôpital S¹-Antoine, sœurs de charité,
refuges de l'abbaye du Mont S¹ᵉ-Marie et des Bernardines de N.
D. de Bellevaux (près Cirey, Haute-Saône), hospice S¹ Jacob aux
Arênes.

5° 2 fondations charitables remontant aux croisades : chevaliers
et hospitalières du S¹-Esprit, commanderie de S¹-Jean de Jérusalem entre S¹-Maurice et la rue du Chateur.

6° 3 établissements religieux d'instruction : collège des chanoines de la collégiale de la Madeleine (rue de l'Ecole), les Jésuites
au Lycée, les Oratoriens.

7° L'officialité de l'Inquisition.

8° les 2 abbayes de S¹-Vincent et des Dames de Battant à la Mouil-
lère (actuellement brasserie).

9° 7 monastères d'hommes : Anciens ou Grands Carmes à Gran-
velle, Cordeliers, Bénédictins, Jacobins ou Dominicains, Minimes
(Temple protestant, place Labourey), Franciscains, Capucins à
Chamars.

10° 7 couvents de femmes : Bénédictines, Annonciades, Visitandines, Ursulines, Carmélites, Clarisses, Bernardines.

Au total, 48 fondations desservies par le clergé des deux ordres.

Dole.

Dole, ancienne capitale de la Franche-Comté, jusqu'au jour où
cette province perdit son indépendance et fut réunie à la France
(1674), a peu d'établissements religieux. En revanche, l'Université
qu'elle dut à Philippe-le-Bon, lui donna jusqu'à la Révolution une
grande importance. Elle n'avait pas la sépulture de ses anciens
comtes dont les tombes, jusqu'à la fin du XIV° siècle, ont été re-
çues, suivant l'usage, par une abbaye. Les comtes avaient choisi
pour cette destination l'abbaye de Cherlieu, commune de Montigny,
canton de Jussey (Haute-Saône). Dès le XV° siècle la Franche-

Comté relève des Flandres.

Dole avait : une église et son chapitre,
                une familiarité de prêtres,
                les Capucins et les Cordeliers,
                cinq communautés de femmes et une abbaye de femmes de l'ordre de Citeaux, venue d'Ounans.
                deux collèges ecclésiastiques (de St-Jérôme de l'ordre de St-Benoit et de St-Bernard),
                un collège des Jésuites.

Lons-le-Saunier.

D'après l'armorial général de 1696, la ville de Lons-le-Saunier n'aurait eu qu'un prieuré et une familiarité, tous deux sous le vocable de St-Désiré et sous le nom d'Eglise des Cordeliers, fondés avec l'appui généreux des Chalon-Luxembourg, et une maison de capucins. On voit au contraire qu'après la conquête de la Franche-Comté par Louis XIV, elle se plaint d'être écrasée des charges des gens de guerre, du fait de la *garnison et de l'étape* parce qu'il y a beaucoup de maisons religieuses et que celles-ci ont le privilège d'échapper à cette contribution. A cette époque, ainsi qu'on le vit pour l'introduction des capucins dans les différentes villes de la province, les corporations ne se fondaient pas librement, tacitement et sans autorisation préalable (voir *les capucins de Franche-Comté,* par l'abbé J. Morey, ch. 2, p. 26). On consultait le magistrat et les notables ; le peuple même votait. C'est ainsi que, par l'effet du suffrage universel, les capucins qui avaient, à titre d'ordre pauvre et mendiant, la faveur populaire, tandis que les Jésuites représentaient l'aristocratie et les classes riches de la bourgeoisie, furent admis les premiers à Vesoul ; les Jésuites ne purent y pénétrer (1608) que 5 ans plus tard. Comme il fallait pourvoir aux premiers besoins de l'installation, les habitants de Vesoul ne purent faire face la même année aux dépenses de ces deux corporations. En ce qui concerne Lons-le-Saunier, le comté de Duras, gouverneur de la Franche-Comté, décida en 1675, sur l'avis conforme de l'archevêque de Besançon, qu'on ne laisserait plus s'y fonder de nouvelles corporations religieuses et donna ainsi gain de cause à l'administration de la ville. Le roi commandait et était obéi, ce qu'on désapprit jusqu'en ces derniers temps.

Gray.

La ville possédait une église paroissiale, une chapelle royale avec chapitre, une familiarité, 3 monastères d'hommes, dont un groupe de ces capucins répandus de la sorte dans 22 villes ou bourgs de la province de Comté, cinq couvents de femmes, un collège des Jésuites et une maison du St-Esprit. Son Hôtel-Dieu dépendait de l'administration municipale. Gray avait aussi une maladrerie et deux petits hospices entretenus par deux abbayes voisines, celles de Theuley et de Corneux. Son ancienne université n'avait pu se maintenir; le siège des établissements d'instruction se transporta à Dole vers l'an 1450, mais en réalité la capitale du bailliage d'amont (de la Saône) était largement pourvue de corporations religieuses.

Poligny.

Poligny avait une Insigne collégiale, avec chapitre, un ancien prieuré qui descendit de l'état de prieuré à celui de chapelle de faubourg (Montévillard), deux communautés d'hommes (Dominicains et Capucins), deux couvents de femmes, les Ursulines et les Clarisses, les sœurs du St-Esprit et un collège d'oratoriens.

Salins.

Diverses corporations religieuses ayant eu la faveur de recevoir des rentes sur le produit des salines, se firent représenter à Salins par des détachements de deux ou trois de leurs membres, et ceux-ci bientôt y fondèrent autant de communautés distinctes d'hommes et de femmes.

D'après l'armorial, Salins aurait eu 4 paroisses dotées chacune d'un chapitre (St-Anatoile, Notre-Dame, St-Maurice et St-Michel), une familiarité (de St-Jean-Baptiste), des Cordeliers et des Capucins, des Carmélites, des Franciscaines tiercelines, des Ursulines et des Visitandines, un collège de Jésuites et un d'Oratoriens. Il y a lieu de croire qu'il y avait d'autres communautés, tout au moins détachées de celles qui avaient des revenus à percevoir. Elles n'avaient pas d'armoiries. Il y avait aussi 4 ermitages qui entouraient la ville et dont les gardiens, pendant les épidémies qui ont si souvent et si longtemps dépeuplé Salins, restaient à leur poste, ainsi que les administrateurs de la ville (vi-comte mayeur, syndics, échevins), recevaient et traitaient les malades au lieu de fuir le danger, ainsi que des religieux des deux ordres l'ont fait souvent, ex : à Avallon, à Bourg, à Salins, etc.

St-Claude.

L'abbaye de St-Claude ayant possédé une grande partie des montagnes à titre de terres féodales et cela jusqu'à la Révolution, la ville ne put pas prendre un grand développement ni fonder beaucoup de corporations religieuses. Aussi d'après l'armorial de 1696, on ne voit à côté de l'abbaye bénédictine qu'une communauté de Carmes déchaussés et un couvent d'Annonciades. Les armoiries de l'abbaye changèrent souvent : après avoir été à deux écus accolés, le premier « d'or à la bande de gueules (qui est Salins) surmontée d'une croix archiépiscopale »; le second « d'or à l'aigle éployée de sable (qui est Empire)», elles étaient en 1696 : « d'azur à un St-Claude évêque, crossé et mitré d'or sur une terrasse de sinople ». Il n'est donc pas étonnant que dans ce centre montagneux l'abbaye fût devenue en 1742 un évêché. Ce qui fait oublier le petit nombre de corporations de la ville et les remplaça pour le pays, c'est que l'abbaye prit rang au nombre des lieux de pélerinages du plus grand renom. On y vit venir Louis XI (peut-être sur le conseil de Coyctier, son médecin, qui était de Poligny), St-François de Salles (1604), le comte Aymon de Savoie (1342) etc...

4° Il reste à examiner si la Franche-Comté était moins riche en corporations religieuses, eu égard à sa superficie et à sa population, que le reste de la France. Elle était largement dotée. En effet, il y avait en 1789, dans toute la France, 1081 abbayes, dont 800 d'hommes (soit, en moyenne, 10 par département); et 281 de femmes, soit 3 par département; moyenne totale : 13 par département, soit 40 pour les 3 départements qui composent la Franche-Comté.

Or, cette province en avait 41, dont 4 de femmes. Il y avait en France 619 chapitres, dont 21 de filles nobles, soit 7 par département. Or la Franche-Comté avait 15 chapitres, 17 familiarités, et elle avait 5 abbayes de filles nobles. Ainsi à tous les points de vue et dans une égale proportion, la Franche-Comté ne le cédait en rien, au milieu de ces nombreuses et riches fondations ecclésiastiques qui ont couvert l'Europe chrétienne pendant le moyen-âge et jusqu'à la Révolution au grand détriment du développement des peuples.

5° Mais sous le rapport du nombre des membres des corporations, du nombre de celles-ci et des revenus ecclésiastiques de toute provenance, la France ne saurait se comparer à l'Italie qui est la mère-patrie de la plupart des ordres et représente leur plus grand épanouissement. Avec 24 millions d'habitants (13 de moins qu'en France) l'Italie avait en 1861, plus du double du nombre des corporations existant encore avant 1789 en France, soit 2,382 communautés de 82 ordres, et le personnel qui les peuplait se décomposait ainsi : 15.500 religieux profès, 18.198 religieuses professes, 4.478 frères convers, 7871 sœurs converses, total : 45843 personnes, soit trois fois et demi autant qu'en France, et, sur ce nombre, 30 000 sont dans les trois villes de Rome, Naples et Palerme, à Rome surtout où, de tout temps, a afflué l'or de la chrétienté. Il y a un membre des corporations religieuses pour 750 habitants en France, et un pour 140 habitants en Italie. Les biens de l'église sont estimés à 1 milliard 100 millions en France, et à deux milliards en Italie.

Décomposition des cent communautés, hospices et collèges de la Franche-Comté en s'en tenant à peu près aux données de l'armorial général de 1696.

1° 44 monastères ou communautés d'hommes :

Augustins : 3 communautés : Champlitte, Pontarlier et St-Amour.

Capucins de la province de St-André de Bourgogne : 22 maisons réparties dans la Franche-Comté, de 1583 (Salins) à 1623 (Pesmes), en 40 ans.

Carmes de l'ancienne observance, à Besançon.

Carmes déchaussés : 5 monastères, Besançon, Clairvaux, Gray, Marnay, S¹-Claude.

Chartreuses : 2 monastères, Vaucluse et Baulieu en montagne, possédant le vignoble de Baulieu à S¹-Lothain.

Cordeliers : 3 monastères, Besançon (collège catholique des Eudistes), Gray, Salins.

Dominicains ou Jacobins, frères prêcheurs : 3 monastères, Besançon (école d'artillerie ou Jacobins), Montbozon et Poligny.

Minimes : 4 communautés, province du comté de Bourgogne, Besançon, Ornans et la Seigne.

Inquisition : officialité du diocèse, à Besançon.

2° 40 couvents ou communautés de femmes :

Annonciades (célestes ou filles bleues) : 9 communautés ; Besançon (ancienne maison des Jésuites, de 1870 à 1880, au bas de la rue des Granges), Champlitte, Dole, Gray, Nozeroy, Pontarlier, S¹-Amour, S¹-Claude et Vesoul.

Bernardines de la règle de Citeaux : 2 ; Orgelet et Pontarlier.

Carmélites : 5 ; Arbois, Besançon (rue de Glères), Dole, Gray et Salins.

Franciscaines : 1, à Dole.

Clarisses ou Franciscaines de S¹ᵉ-Claire, réformées vers 1415 par S¹ᵉ-Colette : 1, à Poligny, sans armoiries.

Franciscaines tiercelines : 5 ; Arbois, Gray, Lons-le-Saunier, Salins, et une annexe à Dole.

Ursulines : 12 ; Arbois, Besançon, Clerval, Dole, Gray, Nozeroy, Ornans, Poligny, Pontarlier, S¹-Hippolyte, Salins et Vesoul.

Visitandines : 5 ; Besançon, Dole, Gray, S¹-Amour et Salins.

4 hôpitaux :

Hôpitaux : 4, dont 3 du S¹-Esprit (Besançon, Gray et Poligny) desservis d'abord par des chevaliers puis par des sœurs, et 1 commanderie de S¹-Antoine à Besançon.

12 collèges :

Jésuites : 6 ; au lycée de Besançon (1758-1766), Dole (collège de l'Arc), Gray, Pontarlier, Salins, Vesoul.

Oratoriens : Besançon (reprise de l'ancien collège du cardinal de Granvelle devant l'église St-Maurice), Poligny (ancien collège) et Salins, dès l'an 1624).

Grand séminaire de Besançon « *qui seminat in benedictionibus* » (rue St-Vincent).

Collèges de St-Bernard et de St-Benoît, à Dole.

Les Capucins sont les tard-venus; on les retrouve sur le pourtour et même hors des villes, à Douai comme à Poligny. A Arbois, dans l'empressement du peuple pour les avoir, on les avait installés dans la vieille tour, Tour Gloriette, où autrefois on avait reçu l'empereur Frédéric Barberousse venant avec sa jeune femme, Béatrix de Bourgogne, visiter ses nouveaux Etats.

L'énumération des corporations qui précèdent, de celles qui existaient à la fin du moyen-âge, ne donne qu'une idée bien incomplète de toutes celles qui avaient couvert le pays, comme partout ailleurs. Les abbayes étaient nombreuses, et surtout, possédaient des terres de tous côtés et dans lesquelles elles détachaient des prêtres; car s'il n'y avait nulle terre sans seigneur, il n'y avait nul fief sans service religieux assuré. Or il y avait longtemps que les rois mérovingiens avaient dit : « Tous les biens de nos sujets vont à l'Eglise. » Donc, l'Eglise avait des biens partout et partout des prêtres avec des chapelles ou des églises prieurales.

Tout autour de Poligny on trouvait à titre de première corporation religieuse ayant desservi le culte dans la localité :

A Sellières, une église d'un couvent de Cordeliers;

A Groson, à Bréry, un prieuré dépendant de l'abbaye de Baume-les-Moines ;

A St-Lamain, à Blois, un ancien prieuré ou une chapelle dépendant de l'abbaye de Château-Chalon;

A Besain, à Montrond, à Monay, un ancien prieuré dépendant du grand prieuré de Vaux-sur-Poligny ;

A Frontenay, un ancien prieuré de l'ordre de Cluny, dont l'église gothique existe encore et dessert la paroisse ;

A St-Germain-les-Arlay, un ancien prieuré des chanoines réguliers de l'ordre de St-Augustin;

A Colonne (centre militaire de réunion pour des sergents de la Prévôté), un prieuré de femmes de l'abbaye des dames de Sainte-Marie-d'Autun ;

A Vadans, une chapelle desservie, dépendant du prieuré de Château-sur-Salins ;

A Mantry, un ancien prieuré dépendant de l'abbaye de Fontevrault (Anjou), abbaye de femmes ayant 59 succursales répandues en France, et ayant des communautés d'hommes sous sa dépendance.

Suivant les époques toutes ces églises prieurales étaient des charges ou des sources de revenus. Leurs chefs se firent déclarer indépendants des abbayes ou le firent d'autorité, ou s'éloignèrent par suite des calamités de la guerre ou eurent avantage à convertir le prieuré en paroisse (au lieu de conserver un prieuré en décadence) afin de percevoir les dimes et les droits du culte. En conséquence les paroisses se formèrent petit à petit, sans nuire à la richesse des abbayes dont l'Eglise ou la chapelle du fief ou arrière fief avait dépendu à l'origine. Ainsi avec les malheurs des temps, l'église prieurale de St-Lamain, de style gothique et à 3 nefs, étant tombée en ruine, ses matériaux servirent à construire une église de paroisse à une seule nef, sans cachet d'architecture, mais trahissant son origine par des pierres taillées conservées dans le gros œuvre et même dans le mur du cimetière. C'est ainsi que les riches abbayes et les prieurés, après avoir, au nom de la religion, détourné des biens immenses à leur profit et tout au détriment du culte, sont arrivés petit à petit à rendre aux populations des chapelles et des églises qui sont rentrées plus tard dans l'organisation territoriale des paroisses.

Quelques ordres religieux méritent une mention spéciale.

Cordeliers. — Les Cordeliers furent amenés, maintenus, protégés en France par St-Louis, et malgré tout le mauvais vouloir des abbés de St-Germain-des-Prés à Paris ; aussi eurent-ils le monopole de la sépulture des ducs de Bourbon descendants de ce royal protecteur. Ainsi en deux siècles, de 1317 à

1503, pendant 7 générations, et en s'en tenant aux enfants dé Charles I, duc de Bourbon, et sans parler des comtes de Bourbon-Busset qui existent encore et qui sont *les héritiers légitimes et directs de S*-*Louis*(1), on voit que les Cordeliers ont donné la sépulture, à Paris, à dix membres de cette famille (5 princes et 5 princesses), et en province, à 7 membres (4 princes et 3 princesses). Les Cordeliers de la Franche-Comté figurent dans ce privilège, car Jean I de Chalon, prince d'Orange, et sa femme, Jeanne de Bourbon, furent enterrés, vers l'an 1503, à l'église des Cordeliers de Lons-le-Saunier. Jacques de Bourbon, deuxième comte de la Marche, était roi de Sicile en 1415, par son second mariage avec Jeanne de Naples. Il reconnut bientôt son erreur; il se hâta de quitter cette honteuse position pour venir cacher ses chagrins et mourir 23 ans plus tard, en 1438, sous la robe et dans le couvent des Cordeliers de Besançon (collège des Eudistes), demandant pour suprême consolation d'être enterré auprès du corps de Ste-Colette et de manière à lui « servir d'escabeau ». Ste-Colette mourut 9 ans plus tard à Gand (1447). En 1439 Claude d'Aix, enfant naturel de ce roi Jacques de Bourbon, mourait à Dole dans le couvent des Cordeliers où il était novice. La chapelle des Cordeliers de Dole est devenue une cave et l'on n'y retrouve même plus la pierre tombale qui rappelle ce fait, et qu'on voyait encore en 1850.

Capucins de la province de S-*André-de-Bourgogne.* — Les Capucins furent établis et protégés à Paris par Charles IX, par sa mère, et par le cardinal Charles de Lorraine, malgré l'opposition presque violente du curé de la paroisse de S*-*Paul et des Cordeliers.

Il y eut ainsi 5 ordres mendiants à Paris. Leur mission, comme plus tard en Franche-Comté, était de combattre la Réforme. « Cette « hérésie était alors dans sa fureur et sa rage à cause que sa dicte « Majesté les avait voulu exterminer par la journée de la Saint-« Barthélemy. Elle voulait maintenant opposer à ces monstres dé-« naturés la bonne vie, exemples et mortifications des capucins ». (*Voir les capucins en Franche-Comté, par l'abbé Morey. 1882,*

(1) Au 32e degré. Tout droit dynastique cesse au 12e degré. Or, le comte de Paris n'est rattaché au comte de Chambord que par le 16e degré....

page 174). L'auteur explique (chap. III, page 133) que si les capucins ont été si réclamés partout en Franche-Comté, s'ils y étaient si nécessaires pour combattre la Réforme, pour y prêcher, pour y compléter l'exercice du culte et de la religion, c'est que les prêtres des nombreuses corporations religieuses étaient entièrement détournés de leur service normal, de leurs fonctions spirituelles par les soins qu'ils donnaient à leurs communautés, pour les entretenir, pour en faire fructifier les revenus....

Les capucins par leur pauvreté, par leur vie active, mêlés à tous les événements politiques de la Franche-Comté, y devinrent très populaires. A Dole même ils prirent part à la défense de la ville contre les troupes de Louis XIII, commandées par le prince de Condé. Ce seul fait souleva une question de droit canonique : les prêtres peuvent-ils porter les armes ? peuvent-ils combattre ? La maxime de l'Eglise ne saurait être discutée, elle n'admet pas de réplique. Au II° siècle à Tébessa un jeune chrétien refusa de se laisser armer dans la 3° légion ; il fut mis à mort ; l'Eglise le canonisa. Il y a au musée du Jeu de Paume à Versailles un livre intitulé :

« *Incompatibilité de la guerre et de toute espèce de combat avec la dispensation ecclésiastique* », et qui confirme pleinement la doctrine de l'Eglise sur ce point. Le prince de Condé, rentré dans le giron de l'Eglise catholique, et comme par mesure d'ordre, en même temps que son cousin le Béarnais (St-Denis 14 juillet 1593) protesta contre la participation des capucins de Dole à la défense de la ville et aux combats dans les sorties et il menaça d'en tirer vengeance. Mais dans la pratique, la doctrine de l'Eglise reçut un démenti *continuel* à travers les siècles. M. Guizot écrit que des évêques nouvellement nommés se voyant repoussés par mépris par leurs ouailles, levaient des bandes, faisaient le siège de leur ville épiscopale, et y entraient en maître, par la brèche, au milieu du massacre des habitants et du pillage des maisons.

Le pape Jules II commandant sa statue exigea qu'on le représentât l'épée à la main dans la position d'un général conduisant des troupes à l'assaut (1). On vit fréquemment des évêques, des archevêques, des cardinaux commander les troupes à la guerre, sur terre et sur mer. Au XVIIe siècle un pape avait défendu les courses de taureaux en Espagne, sous peine d'excommunication; or deux années plus tard un cardinal assistait à Madrid à des courses, avec la Cour dans la *logia reale*, et parconséquent au vu et su de toute l'assistance.

L'autorité des papes a grandi parallèlement à celle de la royauté; mais jusqu'à la fin du XVIIe siècle toutes deux étaient encore singulièrement méconnues et amoindries. Elles se combattaient elles-mêmes; cet exemple devait produire ses fruits...

On admit un moyen terme. Les religieux devaient prendre les armes, s'ils étaient habitants d'une ville assiégée et surtout si la religion était menacée. Quand Louis XII assiégea Dijon, on força les prêtres, et surtout les jeunes abbés, à s'armer et à combattre, et le chroniqueur dijonnais de cette époque constate leur mauvaise tenue sous les armes, et leur mauvais vouloir. Pour justifier la conduite des capucins à Dole, on donna aussi ce second motif : la présence des troupes protestantes dans l'armée de Louis XIII. A la conquête de la Franche-Comté, les capucins se conduisirent de même.

A cette époque Louis XIV respectait encore, comme son père et comme son grand père, l'édit de Nantes, que du reste *il avait juré d'observer et de maintenir.* Or ce fait lui ôtait, aux yeux d'une province espagnole, tout droit au nom de roi catholique et tout titre à la sympathie du peuple francomtois. On était alors à la fin de la première moitié du règne, jusqu'alors glorieux, de Louis XIV, mais les fautes irréparables, les revers, les calamités de toute sorte de la seconde moitié, en feront le triste contraste.

Clarisses. — Le besoin de réforme frappait depuis longtemps aussi bien les couvents de femmes que le clergé séculier et le clergé régulier. Sœur Boylet, dite Ste-Colette, fut désignée pour réformer les franciscaines connues sous le nom de clarisses : elle réorganisa

(1) Comme il était en entrant par la brèche à Perouge.

des couvents de cet ordre et elle en fonda de nouveaux en Picardie, en Belgique, en Franche-Comté, en choisissant toujours des villes fortifiées : Besançon, Auxonne (l'hospice), Rumilly, Poligny; en refusant même à sa protectrice, Marguerite de Bavière, femme de Jean-sans-Peur, d'en installer à Dijon, parce qu'à cette époque cette ville n'était encore pourvue ni d'une enceinte continue, ni d'une bonne fortification.

Jésuites. — Les jésuites furent introduits en France, par la protection des ducs de Lorraine, et tout d'abord par celle d'Henri II, et cela, malgré l'avis contraire et l'hostilité de la Sorbonne. Ils ne purent s'établir en Franche-Comté que 30 ans plus tard.

Le cardinal Pernot de Granvelle était un fervent catholique, puisqu'il approuva hautement l'exécution de la Saint-Barthélemy et qu'il fut chargé par Philippe II de persécuter les réformés des Pays-Bas, œuvre délicate et difficile qui dut lui être retirée et remise au duc d'Albe. Mais le cardinal, devenu gouverneur de la Franche-Comté, en refusa obstinément l'entrée aux jésuites et laissa à ce sujet de telles instructions et une telle aversion, que cet ordre originaire de l'Espagne ne put pénétrer dans la Franche-Comté, qui en dépendait, qu'en 1579, c'est-à-dire, dix ans après la mort du cardinal de Granvelle, et lorsqu'il était déjà paisiblement reconnu, accepté et installé au Japon. On peut voir, pour preuve à l'appui de ce fait, un paravent au musée japonais de M. Guimet de Lyon. Ce musée en décembre 1885 se trouva transféré à Paris. Or ce paravent représente les jésuites recevant au Japon la visite des officiers d'un vaisseau portugais, au milieu du XVI° siècle.

Ainsi c'est en 1579 que le parlement, le magistrat et le peuple de Dole demandèrent, obtinrent, reçurent et acclamèrent l'arrivée des jésuites, comme prédicateurs et comme professeurs de talent; 14 ans plus tard l'ordre allait y recevoir un puissant renfort, comme aussi dix autres années plus tard, le collège de Dole allait restituer ce renfort à la France.

Henri IV fut l'objet de 26 tentatives d'assassinat et finit par y succomber. A la St-Barthélemy il fut brutalisé, terrorisé, et un semblant de conversion le sauva, lui et Condé. A la bataille de

Coutras, les chefs de la Ligue avaient décidé qu'il ne serait fait aucun quartier aux protestants et tout d'abord ni à Henri de Béarn ni à Condé; on devait faire une nouvelle St-Barthélemy en grand, en plein jour, sur ce champ de bataille; mais les protestants furent tellement les vainqueurs que ce projet ne put même recevoir un commencement d'exécution. Il y a au musée de Besançon un tableau qui représente un pèlerinage fait à Paris en janvier 1589 à deux corps à figure de cire représentant Henri le Balafré et son frère le cardinal Louis assassinés tous deux par l'ordre d'Henri III à Blois. Catherine Marie de Guise, sœur d'Henri I et du cardinal Louis de Guise, l'épée à la main, et assistée de prêtres et de chefs de la Ligue, est à la tête de cette manifestation religieuse et surtout politique, et elle excite le peuple à venger le crime de la fin tragique de ses deux frères, aux cris de «Mort à Henri de Valois!» Le cordelier Jacques Clément répondra à cet appel; il ira assassiner le roi à St-Cloud (1589) et il sera glorifié publiquement dans un consistoire par le pape Sixte V qui excommunia Henri III, Elisabeth, reine d'Angleterre, Henri IV et Henri, prince de Condé (1). La Ligue, s'appuyant sur l'excommunication absolue du pape, avait fait prononcer par la Sorbonne l'exclusion définitive de Henri IV du trône de France, même dans le cas où celui-ci se convertirait, parce que la religion n'était qu'un prétexte. La Ligue d'un côté, le roi d'Espagne de l'autre, ne visaient qu'à la couronne. Le tableau du musée de Besançon a son pendant dans les galeries de l'attique Nord du château de Versailles (3ᵉ salle): celui-ci représente Guillaume Rose, évêque de Senlis, recteur de la Sorbonne, excitant comme 2 ans auparavant Catherine Marie de Guise l'avait fait, le peuple à la violence aux cris de : « Mort à Henri de Béarn !» A cet effet une procession de religieux et de moines armés défile dans les rues de Paris et devant le parti de la Ligue. Le tableau a pour titre :

---

(1) Henri III resta excommunié après sa mort et fut le premier roi dont la papauté (Sixte V) refusa de célébrer les obsèques. Réciproquement la cour de France cessa alors de célébrer à Paris les obsèques des papes; dès lors il y a rupture et la chute de la royauté suivra une marche rapide....

Amburbica (pour *Amburbalia*, ce qui signifie : procession dans laquelle on promène la victime); et voici son titre complet : « *Am-* « *burbica armati sacri scolarum agminis Lutetiæ pompa... M.* « *D. XCII. IV eid. febr. domino Rose collegii Sorbonici na-* « *varrei præfecto et Acad. rectore duce, gladio bipenni et si-* « *mulacro crucis præunte.* »

Or, le 24 juillet 1593, Henri IV faisait à St-Denis une abjuration solennelle pour rentrer dans le giron de l'Eglise catholique, et, en février 1594, il se faisait sacrer roi dans la cathédrale de Chartres. Ces deux actes, qui constataient et qui prouvaient la conversion du roi, ne désarmèrent pas la Ligue ; celle-ci avait de tout autres visées. Aussi vingt-quatre tentatives d'assassinat vont se succéder pendant 17 ans, du 31 août 1593 (6 semaines après l'abjuration) jusqu'au 10 mai 1610. Mais dès la deuxième tentative (du 29 décembre 1594) le roi prononce l'expulsion des Jésuites, dont plusieurs, suivis de leurs élèves, se retirent au collège de Dole. Le même fait se reproduisit en 1766 : Louis XV ayant à son tour expulsé les Jésuites, les fils des familles aristocratiques passèrent à l'étranger pour y continuer leur éducation dans les collèges de cet ordre. On prenait ainsi le chemin de la frontière....

En 1604, après l'exécution du maréchal de Biron (vingtième tentative) et lorsqu'on pensait qu'un pareil exemple de justice avait enfin clos la série des attentats, les Jésuites demandèrent et obtinrent par l'entremise de Fouquet de la Varenne, courtisan et complaisant d'Henri IV, leur rentrée en France, et, de plus, le roi leur céda le collège de la Flèche, lorsque leurs frères possédaient déjà le collège de l'Arc à Dole. Aussi répétait-on souvent dans les classes de latinité du Jura :

> *Comes dedit Arcum;*
> *Rex dedit telum :*
> *Quis dabit funem ?*

Inquisition du diocèse de Besançon. — L'Inquisition et ses pratiques sont aussi anciennes que la religion catholique. Aux persécutions en masse des empereurs romains contre les chrétiens des diverses sectes, contre les Juifs (Ex. : règne et pratiques de Justinien) succédèrent les recherches contre les croyances personnelles des individus qu'on nommait schismatiques, hérétiques, sorciers, relaps, blasphémateurs, et qu'on condamnait à la torture et à la mort en public, pendant que l'on confisquait leurs biens. Une foi ardente et des convictions que rien ne saurait troubler, sont une force capable de toute audace et de toute tentative. Ainsi, à l'époque du schisme de la Papauté, Jean XXII, pape d'Avignon, ayant émis une proposition que le collège de la Sorbonne jugea et condamna, Philippe VI de Valois écrivit au successeur de St-Pierre :

« Nous chatierons tous ceux qui pensent comme vous, et nous « vous ferons brûler si vous ne vous révoquez.» On entend par Inquisition l'organisation et le fonctionnement permanent et régulier de ce redoutable tribunal ecclésiastique. C'est St-Louis qui introduisit l'Inquisition en France, en fixant son tribunal à Toulouse, à cause des Albigeois; c'est la comtesse du Barry qui fit supprimer en France la charge du Grand Inquisiteur qui existait encore à Toulouse (1773). C'est la domination espagnole sur la Franche-Comté qui permit à l'Inquisition de s'introduire dans cette province. Elle fonctionnait à Besançon à côté du siège archiépiscopal; les exécutions se faisaient en avant du pont de Battant, à la rencontre et à la descente des rues des trois quartiers de Battant, Charmont et Arène. La place s'appelait place du pilori, et, en 50 ans, de 1600 à 1650, il y eut 200 exécutions, soit une exécution tous les 3 mois. Le lieu du supplice s'appelle aujourd'hui *Petite place du Pont.*

Chartreux. — Les Chartreux de Franche-Comté avaient leur lieu de réclusion, leurs cellules individuelles, à Vaucluse et à Bonlieu. Pour eux, la communauté ne consistait guère que dans la fréquentation de la même église, et une surveillance qui devait assurer la stricte observance des sévérités de la règle. Mais au XVIII⁰ siècle, et jusqu'à la veille de la Révolution, les Chartreux de Bonlieu qui avaient une maison et un vignoble à St-Lothain et qui lui avaient donné le nom de leur monastère, venaient chaque année y faire leurs vendanges et y invitaient à un repas d'apparât les dames bénédictines de Château-Chalon. En 1860 il y avait encore à St-Lothain des vieillards qui se rappelaient avoir vu dans leur enfance ces réunions et avoir entendu à la dérobée les gais propos, les rires et les chansons des convives. Il ne s'agit pas ici de critiquer ces erreurs, mais de les relater. Le mal n'est pas partout, et il n'y avait pas là une exception. A la même époque, à la veille de la Révolution, Monseigneur de Larochefoucault, archevêque de Rouen, dernier abbé commendataire de l'antique et riche abbaye de Cluny, vint visiter son bénéfice et y passa cinq jours. Or pendant ces cinq jours, il y eut cinq grands dîners et bal tous les soirs, dans une abbaye toute pleine des souvenirs de l'austérité inflexible de St-Bernard et de la piété de Pierre-le-Vénérable !!..

Sœurs du St-Esprit. — Il faut expliquer comment les prêtres de la maison du St-Esprit furent remplacés par des sœurs portant le même nom, ainsi qu'on le voit à Poligny, et, pour cela, il faut examiner comment la transformation s'est opérée à Gray. (Voir : *Notice historique sur l'hôpital du St-Esprit de Gray, par M. J. Gauthier, archiviste du Doubs, 1873).*

Les abbayes fondées autrefois par la piété ardente des fidèles, afin d'honorer la religion par la vie de recueillement, de prières et de mortification de ses membres, étaient arrivées promptement, surtout par le fait de l'accumulation et par l'abus des richesses, à un résultat tout opposé. La pauvreté primitive avait fait place à des sinécures, à des bénéfices lucratifs soumis à toutes les intrigues, à toutes les manœuvres coupables de la convoitise. Ce qui devait sauver la religion, la compromit ; ce qui devait l'élever et l'épurer, l'abaissa. Les fondations hospitalières du St-Esprit, quoique moins riches, quoique surchargées du poids de leurs œuvres charitables, ne purent échapper entièrement à cette loi fatale et générale des convoitises. Mais le magistrat de Gray et le parlement de Dole intervinrent pour sauvegarder les intérêts des pauvres et rappeler les hospitaliers aux devoirs de leur état. L'hospice était tout à la fois hôpital, maternité, hospitalité de nuit, asile des militaires malades et de passage, et enfin provi-

dence des enfants abandonnés. En 1648 on créa à Gray un hôpital:
l'hospice du St-Esprit n'eut plus à s'occuper que des enfants
abandonnés. Il en eut jusqu'à 75 environ, parce qu'il les gardait
et les élevait pour les placer plus tard comme domestiques. En
1674, Louis XIV, après la conquête, essaie d'appliquer son ordon-
nance de 1672 pour la réunion des biens de l'hospice du St-Esprit
à ceux des ordres du Mont-Carmel et de St-Lazare, c'est-à-dire,
pour créer des rentes aux chevaliers de cet ordre tout d'apparât.
On lui résiste, Louis XV renouvelle ses démarches. Le magistrat
résiste encore et écrit au roi : « Les commandeurs du St-Esprit
« portent une croix d'or à leur boutonnière, mais leur subsistance
« est aussi frugale que leur entretien est modeste. Nous ne croyons
« pas qu'il y ait un chevalier de St-Lazare assez disgrâcié de la
« fortune pour ambitionner un semblable poste..... Ce n'est pas
« un bénéfice, mais une administration *à charge de compter.* »
En 1771 sur une nouvelle menace de supprimer l'ordre du St-Esprit
en l'annexant à celui de St-Lazare, le magistrat demande à l'archevêque que les sœurs qui y font le service, ne dépendent plus
que de l'*ordinaire* et ne retombent plus sous la dépendance des
prêtres de l'ordre du St-Esprit, ni sous celle des chevaliers de
St-Lazare. C'est ainsi que par la vigilance du magistrat de la ville,
cette belle fondation sortie de Montpellier en 1190, établie dans
trois villes de la Franche-Comté, a pu s'y maintenir et continuer
à y rendre de grands services. A Poligny le nom de *rue des Or-
phelins,* donné à la rue dans laquelle se trouve la maison des
sœurs du St-Esprit, suffit à rappeler le but humanitaire que rem-
plissait cette œuvre. Quoique l'objet de celle-ci ait été changé, que
les chevaliers aient fait place à des sœurs, c'est la seule institution
créée sous l'influence du grand mouvement religieux du XIIe siècle,
qui se soit maintenue en conservant son nom et en continuant des
œuvres de bienfaisance. Ce qui précède montre quels ont été les
dangers courus par une corporation du propre fait de ses membres
ou de l'autorité royale. Toutes les églises, les abbayes et les communautés ont été exposées trois fois en Franche-Comté, aux dévastations de la guerre, par le fait des entreprises de trois rois de

France :

1° En 1477 Louis XI fait ravager la Franche-Comté par ses troupes. Quand ce danger est écarté, on demande de tous côtés des subsides pour remédier aux calamités de la guerre et en prévenir le retour. Le clergé déclare ne pouvoir les fournir, en excipant de la nécessité dans laquelle il se trouve de réparer les églises et les maisons religieuses endommagées par les troupes de Louis XI (minute des dégâts à réparer, archives de la préfecture du Doubs). Ainsi l'abbaye d'Arcey fut ravagée à ce point que son supérieur, Vincent de Varre, se réfugia à l'abbaye Theuley, où il finit ses jours, comme simple frère, le 7 septembre 1504 :« *Tempore guerrarum regis Ludovici Franciæ.*» (Voir la notice sur Theuley, par M. J. Gauthier, archiviste, p. 20, et l'inscription de la pierre tombale n° 19).

2° Une pierre d'angle placée au soubassement d'une maison à Pont-sur-l'Ognon rappelle encore, par l'inscription qu'elle porte, que le 26 février 1595 Tremblecourt passa la rivière en ce point pour envahir la Franche-Comté et en faire le ravage. Henri IV lui-même vint aider les deux alliés qu'il s'était procurés en Lorraine, Tremblecourt et d'Haussonville, et cela, malgré les lettres de rémission du duc Charles II le Grand qu'il intimida. Il envahit la partie vignoble du Jura pour soumettre les villes à des contributions de guerre exorbitantes, telles qu'Arbois, Poligny et Lons-le-Saunier. La ville de Salins invitée à se racheter de l'éventualité d'un sac complet, moyennant un payement de 50,000 écus, put échapper à la ruine, parcequ'Henri IV avait hâte de terminer cette dévastation qu'il avait entreprise contre la Franche-Comté pour punir Philippe II d'Espagne des tentatives coupables et peut-être criminelles qu'il avait entreprises contre la couronne et contre le roi de France. Une liaison amoureuse attirait aussi Henri IV à Lyon. Mais si Salins échappe grâce à ses forts et à sa position, Poligny et Lons-le-Saunier succombent facilement et sont écrasés de contributions de guerre. On devine quel dut-être le sort des églises et des corporations religieuses des villes prises et des bourgs saccagés par les bandes de Tremblecourt, de d'Haussonville et d'Henri IV !!..

3° Il y a dans une belle maison de la Grande-Rue de Poligny, située presqu'en face de l'Hôtel-de-Ville, un tableau de 1636 signé : Pierre Maublan, peintre de Besançon, et intitulé : CRVAVTÉS FAICTES EN CE PAYS PAR LES TROVPES AVXILIAIRES ET AVTRES L'AN 1635 ET 1636. On y voit des cavaliers Croates pillant un village, emmenant le bétail, mettant le feu aux maisons et à l'Eglise, et tuant les habitants. Ces cavaliers sont les alliés, c'est-à-dire les défenseurs de la Franche-Comté contre les Franco-Suédois. Pour savoir quel fut aussi le sort de la Province par le fait des ravages causés par les troupes de Louis XIII, et pour en retrouver encore les traces matérielles, en ce qui concerne les corporations, il faut examiner l'abbaye de Theuley. La guerre avait duré 10 ans : 1634-1643; les bâtiments claustraux, malgré l'appoint des pierres des ruines, ne furent rétablis que 70 ans plus tard (1713), et l'église abbatiale, que cent ans plus tard (1742). Les troupes de Louis XIII vinrent fourrager jusqu'à Besançon, où elles ruinèrent l'église si vénérée de Sᵗ-Ferjeux, et jusqu'à Chilly-le-Vignoble, dont l'église fut brûlée, pendant que, de son côté, le duc Bernard de Saxe-Weimar, allié du roi de France, mettait à feu et à sang les bourgs de la partie montagneuse du Jura. Le peintre P. Maublan vivait en 1636; il a pu se rendre compte par lui-même des calamités dont il donne un exemple entre mille. C'est ainsi qu'à cette époque les rois et les princes pratiquaient encore la guerre, avec des troupes qu'ils payaient peu ou point, et desquelles ils se désintéressaient. Du reste le dégât et la dévastation (Voir a ce sujet les lettres et les instructions formelles de Richelieu et de Louis XIII, etc.) étaient une opération prévue et prescrite, sans aucun ménagement et sans pitié, pour terroriser les populations, pour ruiner le pays et pour arriver plus sûrement aux résultats qu'on voulait obtenir.

Quand on considère l'abbaye de Baume-les-Moines, c'est-à-dire les défenses extérieures de ce donjon ecclésiastique, on reconnaît à la nature de leurs dévastations la marque des violences des prises d'assaut et de la guerre. L'usure du temps n'a pu faire seule d'aussi profondes cicatrices. Quand au contraire Louis XIV envahit la Franche-Comté, c'était pour en faire la conquête et pour la conserver ; par conséquent il ne s'y passa rien de pareil à ce qu'il prescrivit dans le Palatinat, et il n'y eut que les dévastations inséparables des opérations militaires à ces époques. En pensant aux dévastations commises par les ordres et par les troupes de Louis XI, d'Henri IV et de Louis XIII, 30ans auparavant, les populations comtoises surent gré à Louis XIV du mal qu'il n'avait pas fait. En 1765, 25 ans avant la Révolution, le Dauphin Louis, père de Louis XVI, disait avec vérité à ses courtisans :

« Le peuple nous est reconnaissant de tout le mal que nous ne lui faisons pas !!!.......» Quel aveu !!!...

Les corporations religieuses furent aussi mêlées à tous les actes de la vie privée des rois et des princes pour leur procurer tour à tour une retraite, une riche commanderie, des bénéfices ou des rentes pour leurs favoris, pour leurs filles, ou, pour leur famille, des positions d'abbesses, une église propice pour des mariages morganatiques ou secrets, un lieu de détention ou une retraite sûre pour des actes d'une nature compromettante. Sous ce rapport les abbayes et les communautés de la Franche-Comté se sont prêtées à toutes les convenances des princes. En voici quelques exemples :

1° *Retraite et sépulture.* — On a vu la préférence donnée aux communautés de Cordeliers pour y recevoir des princes (Jacques II de Bourbon et son fils naturel), et pour procurer la sépulture à leur dépouille (Besançon, Dole, Lons-le-Saunier). L'église abbatiale de Theuley a 60 tombes à inscriptions et, par exemple, pour les familles d'Autrey, de Crécy, de Granson, de Vergy.....

L'abbaye de Cherlieu était le lieu de sépulture des comtes de la Province du XII° au XIV° siècle (Haute-Saône, canton de Vitrey).

2° *Abbés commendataires, abbesses.* — Parmi les derniers abbés commendataires de Luxeuil on trouve le cardinal évêque de Constance, André d'Autriche, des membres des familles de la Baume St-Amour, de Beauffremont, de Rohan-Soubise, de Clermont-Tonnerre, pendant qu'il y a à l'abbaye de St-Claude des membres de familles françaises et étrangères très haut placées, et enfin un prince de Condé, petit cousin de Louis XV. A Baume-les-Dames et à Château-Chalon, les conditions d'admissibilité étaient rendues difficiles par l'obligation de produire 16 quartiers de noblesse, par conséquent les places y étaient réservées aux filles des familles les plus aristocratiques.

3° *Mariages irréguliers et secrets.* — Le duc de Lorraine Charles IV, marié à sa cousine Nicole, fit courir le bruit que celle-ci était morte (1636), et, huit jours après, il arrivait de Nancy à Besançon et il épousait à l'église des Minimes (actuellement le temple protestant sur la place Labourey), Béatrix de Cuisance, jeune veuve du seigneur d'Oiseley, prince de Chantecroix. Peu après, pour se justifier d'un acte aussi inqualifiable, le duc Charles, qui venait de faire épouser sa cousine et belle-sœur Claude à son frère, l'ex-cardinal et évêque de Verdun, prétendait que son propre mariage était nul, parcequ'un homme ne pouvait pas épouser sa cousine germaine. Après bien des démarches auprès du pape, la duchesse Nicole obtint la confirmation de la parfaite légitimité de son mariage et la déclaration de l'illégalité de celui qui avait été accompli dans la chapelle des Minimes de Besançon. A la mort de sa première femme, le duc consentit, après bien des sollicitations, à épouser pour la seconde fois, régulièrement, mais seulement *par procuration*, Béatrix de Cuisance, qui vivait loin de lui, qui sollicitait et qui obtint cette réparation ou cette consolation pendant le cours de sa dernière maladie. Plus tard ce même duc Charles, alors âgé de 64 ans, contracta un troisième mariage, en Franche-Comté : il épousa Louise d'Apremont (près Gray) alors âgée de 17 ans. Dans les familles princières ou aristocratiques, les mariages de septuagénaires épousant des jeunes filles de 16 à 18, ne sont pas rares : Ex : 1° Charles d'Angoulême, enfant naturel de Charles IX et de Marie Touchet, né en 1573, remarié en 1644, mort en 1650, et dont la seconde femme, Marie de Narbonne, mourut en 1715, à 92 ans, après 65 ans de veuvage ; 2° le maréchal d'Estrées, frère de la belle Gabrielle, remarié pour la 3e fois, à 79 ans, avec Mlle de Manicamp, âgée de 18 ans ; 3° le duc Charles IV et Marie d'Apremont ; 4° le maréchal de Richelieu, marié, la 1re fois, à 14 ans, la 2me, à 40, et la 3me fois, après l'âge de 80 ans. Il avait servi dans les armées de Louis XIV, de Louis XV et de Louis XVI, et ne mourut qu'en 1788.

Lorsque Gaston d'Orléans épousa le 31 janvier 1632 à Nancy, Marguerite de Lorraine-Vaudemont, sœur du duc Charles IV, en secret de son frère Louis XIII (mais en présence de la famille de la fiancée) le mariage se fit au couvent des Bénédictins. Le clergé séculier était trop souvent tenu à l'écart de ce qui devait rentrer dans ses attributions pour les mariages comme pour les enterrements.

4° Bénéfices, rentes. — Les revenus des riches corporations furent convertis en rentes viagères dont le prince disposait le plus souvent pour les membres de sa famille, pour des courtisans, pour de grands seigneurs ou pour des femmes (ainsi la nièce de Racine, historiographe de Louis XIV, était mariée et avait un bénéfice ecclésiastique), pour des veuves dont on fit des abbesses, enfin pour des protestants, tels que Sully qui était bénéficier de trois riches abbayes (et non abbé commendataire, car la religion lui défendait d'entrer ou d'être reçu dans les ordres, à un degré quelconque). Mais ces communautés pouvaient encore être requises pour venir en aide au souverain en fournissant des secours en son lieu et place. Ce fait se trouve en Franche-Comté. Ainsi le 16 octobre 1543, Charles-Quint écrit de Mons-en-Haynau au prieur de la Chartreuse de Bonlieu : « Vueillez sans aucun reffus rece-
« voir en vostre dit monastère led. Katherin Ronchault (qui pré-
« tendait s'être ruiné à la guerre en Allemagne) et en icelluy le
« pourveoir et luy donner telle portion, prebende, vestement et
« toutes aultres choses nécessaires comme a et prend un des reli-
« gieux dud. monastère, sa vie durant, en outre qu'en ce ferez eu-
« vre méritoire envers Dieu et à nous service fort agréable... »

5° Internement, prison. — Au moyen de lettres de cachet, on fit enfermer souvent dans des monastères, dans des couvents, des jeunes gens, des jeunes filles ou femmes qui se conduisaient mal. C'était tout à fait contraire à la règle de l'ordre, mais les princes l'exigeaient dans des cas particuliers. Les abbayes (Sᵗ-Médard de Soissons, Maubuisson, Luxeuil, etc...) furent des prisons de correction ou de la politique. Au VIIe siècle, Ebroin, ministre de Thierry III, fut emprisonné à l'abbaye de Luxeuil. Deux brus de Philippe-le-Bel, en punition de leur inconduite, furent répudiées, emprisonnées à l'abbaye de Maubuisson et allèrent périr « inopinément » à Château-Gaillard. Ici on touche aux secrets de la justice, peut-être au crime.... Un fait analogue se passa au XVe siècle dans les caves du couvent des Dominicains de Poligny. Par ordre de Philippe-le-Bon, le sire de Pesmes, Jean de Granson, y fut étouffé entre deux matelas, pour avoir conspiré contre le duc.

Les Oratoriens et la Révolution française.

Après avoir relaté toute l'importance des corporations religieuses de la Franche-Comté au point de vue des fondations faites en faveur du clergé, il faut signaler l'essor qu'y prit l'enseignement sous l'influence des prêtres de l'Oratoire, dits Oratoriens. Cet ordre fut formé par des prêtres pour répondre à un besoin incessant de réforme du clergé : insuffisance de l'instruction professionnelle et défaut de bonne conduite. Les Oratoriens étaient des prêtres dispensés de tout vœu, de tout noviciat, ne suivant aucune règle, proclamant et reconnaissant hautement l'autorité de l'Evêque, et se vouant à l'enseignement pour instruire les clercs, pour former de jeunes abbés capables et imbus des devoirs de leurs charges. Etablis en 1611, poursuivis par la Sorbonne et par les Jésuites, ils se maintinrent par la protection de Richelieu. A leur première assemblée générale, en 1624, on constate que l'ordre se divise en 4 provinces : Paris, Picardie, Provence et *Comté de Bourgogne*. Salins a un collège d'Oratoriens dès l'année 1624. La lutte était vive de la part des Jésuites et des Sulpiciens qui étaient leurs élèves, contre les Oratoriens et la plupart des autres ordres. La Constitution ou Bulle Unigenitus repoussée par ces derniers et attaquée ouvertement par Mgr de Noailles, arch·vêque de Paris, et par sept autres évêques (1713), divisait les esprits. L'expulsion des Jésuites en 1766 vint enfin mettre un terme à ces discussions religieuses. Cette mesure politique empêcha la Révolution française de se compliquer d'un schisme. Il y a au musée de Besançon un tableau allégorique et satyrique de la Bulle Unigenitus, tableau incompréhensible aujourd'hui pour le public ; mais il témoigne de l'importance du conflit qui agita alors l'opinion. Ce tableau représente une série d'oiseaux à figures d'hommes ou de femmes, avec la coiffure de l'époque, perchés sur les diverses branches d'un arbre.

Les Oratoriens furent florissants en Franche-Comté ; ils développèrent dans la jeunesse des idées libérales et le culte des belles lettres. Par le fait de la Révolution, l'Université fut fondée ; les Séminaristes furent organisés et surveillés par les Evêques. Dès lors la mission des Oratoriens était finie, mais leur œuvre avait porté des fruits utiles aux progrès de la civilisation.

L'ordre ayant été dissout en 1790, les Oratoriens entrèrent pour la plupart dans les établissements de l'enseignement. La première maison libre d'éducation qui fut alors établie dans le Jura, fut fondée à Poligny par un ancien oratorien qui sut y gagner l'estime et la confiance des pères de famille.

Si aujourd'hui on examine la Franche-Comté, en partant des arrondissements de Lure et de Belfort pour venir jusqu'à Dole, Lons-le-Saunier et St-Claude, on reconnaîtra qu'il y a en France peu de pays qui, pour une si faible étendue de territoire, renferment autant de maisons d'éducation de toutes sortes. En résumé, cette province a pris une large part au mouvement de l'opinion qui a préoccupé les esprits, au moyen-âge, pour le développement des corporations religieuses, et, avant la Révolution, pour les progrès d'une instruction empreinte d'idées libérales.

Versailles, 6 novembre 1885.

C. Boissonnet,
Sous-Intendant militaire.

G. Cottez, imprimeur à Poligny.